BEI GRIN MACHT SICH IHR WISSEN BEZAHLT

AF167958

- Wir veröffentlichen Ihre Hausarbeit, Bachelor- und Masterarbeit

- Ihr eigenes eBook und Buch - weltweit in allen wichtigen Shops

- Verdienen Sie an jedem Verkauf

Jetzt bei www.GRIN.com hochladen und kostenlos publizieren

Bibliografische Information der Deutschen Nationalbibliothek:

Die Deutsche Bibliothek verzeichnet diese Publikation in der Deutschen National-
bibliografie; detaillierte bibliografische Daten sind im Internet über http://dnb.d-
nb.de/ abrufbar.

Impressum:

Copyright © 2019 GRIN Verlag
Druck und Bindung: Books on Demand GmbH, Norderstedt Germany
ISBN: 9783346097378

Anonym

Einführung in die Psychologie

Begriffe, Vertreter und aktuelle Trends

GRIN Verlag

GRIN - Your knowledge has value

Der GRIN Verlag publiziert seit 1998 wissenschaftliche Arbeiten von Studenten, Hochschullehrern und anderen Akademikern als eBook und gedrucktes Buch. Die Verlagswebsite www.grin.com ist die ideale Plattform zur Veröffentlichung von Hausarbeiten, Abschlussarbeiten, wissenschaftlichen Aufsätzen, Dissertationen und Fachbüchern.

Einsendeaufgabe

Einführung in die Psychologie

Alternative A

Abgegeben am: 15.12.2019
Über den online Campus der SRH Mobile University

Modul: Einführung in die Psychologie
Studiengang: B. Sc. Psychologie

Abkürzungsverzeichnis

S.	=	Seite
z. v.	=	zitiert von
Bspw./ bspw.	=	Beispielsweise
Bzw./ bzw.	=	beziehungsweise
a.am	=	aufgerufen am
v. Chr.	=	vor Christus
Abb.	=	Abbildung
sog.	=	so genannten
fMRT	=	funktionelle Magnetresonanztomographie
sMRT	=	strukturelle Magnetresonanztomographie
PET	=	Positronenemissionstomografie
et. al	=	und weitere
Hrsg.	=	Herausgeber
Aufl.	=	Auflage

1. Aufgabe A1

In der Aufgabe 1 werden in 1.1 die Begriffe „Allgemeine Psychologie", „Motivation"
und „Motivationsforschung" definiert. Im Unterpunkt 1.2 werden die Begriffe
„Geisteswissenschaft", „Sozialwissenschaft" und „Naturwissenschaft" erläutert und
jeweils an einem Beispiel gezeigt, wie sich diese Wurzeln der Psychologie bis heute auf
die Motivationsforschung auswirken.

1.1 Definitionen
1.1.1 Allgemeine Psychologie

Die Allgemeine Psychologie ist ein Teilgebiet der Psychologie. Sie befasst sich mit den
allgemeingültigen Grundlagen und psychischer Funktionen des Menschen. Dabei
werden ablaufenden Prozesse und Mechanismen, sowie die Ursache und Wirkung
psychische Vorgänge die generell für alle Menschen gelten betrachtet, individuelle
Unterschiede sind hierbei unrelevant. Das Ziel der Allgemeinen Psychologie besteht
darin, kognitive Eigenschaften des Menschen zu beschreiben, zu erklären und vorher-
zusagen (Becker-Carus, Wendt, 2017, S.46-47). Befunde der Allgemeinen Psychologie
sind für Alltagssituationen und anderen psychologischen Disziplinen wie bspw.
Klinische-, Medien- und Wirtschaftspsychologie bedeutsam, denn diese umfassen all
das was menschliches Erleben und Verhalten ausmacht. Hierzu gehört die Wahrnehmung, die Aufmerksamkeit, das Handeln und Handlungssteuerung, das Gedächtnis
und Lernen, das Denken und Problemlösen sowie die Motivation und Emotion
(Schiebner, Brand,2014, S.16).

1.1.2 Motivation und Motivationsforschung

Die Motivationsforschung befasst sich mit der Ausrichtung, Ausdauer und Intensität des
Zielstrebens in allen erdenklichen Lebenslagen des Menschen, sowie den damit
verbundenen affektiven-, physiologischen- und kognitiven Prozessen (Brandstätter,
Schüler, Puca & Lozo, 2018, S.23). Die Motivation bezeichnet ein Prozess, des
menschlichen Handelns in der Phase von setzten, erreichen bis zum Distanzieren von
Zielen. Hierbei werden Wahrnehmungen, Gedanken, Emotionen, Fertigkeiten und
Aktivitäten von einer Person so zusammengefügt, dass entweder das Ziel erreicht oder

bei nicht lohnen sich davon distanziert wird (J.Heckhausen, 1999 zitiert von Heckhausen, Heckhausen, 2018, S.2-3). Einfluss auf die Motivation einer Personen nehmen situations- und personenbezogene Aspekte, die zu erwarteten Handlungs-ergebnisse sowie deren Folgen (Heckhausen, Heckhausen, 2018 S. 4). Um diese Einflüsse und deren Auswirkungen auf die Motivation einer Person zu untersuchen bedient sich die Motivationsforschung an einer großen Anzahl von Theorien und Methoden aus den Geistes -, Natur - und Sozialwissenschaften.

1.2 Die Wurzeln der Psychologie und deren Auswirkungen auf die Untersuchungen psychischer Phänomene am Beispiel „Motivation"

1.2.1 Geisteswissenschaften: Sigmund Freud / Psychoanalyse

Die Geisteswissenschaften befassen sich mit den unterschiedlichsten Betrachtungs-weisen der menschlichen Realität, die aus vielen unterschiedlichen Einzel-wissenschaften wie beispielsweise die Sprach-,Geschichts-, Musik-, Kunst- und Kultur-wissenschaften, Psychologie oder Philosophie besteht (Kjörup, 1996, z.v. Bense, 2001, S.3). Wilhelm Dilthey bezeichnet die Geisteswissenschaft als Gegenbezeichnung der Naturwissenschaften wodurch der Begriff eine große Bedeutung annahm (W. Dithley, 1883, S.3-4). Ein einflussreicher Pionier der Motivationspsychologie mit geistes-wissenschaftlicher Perspektive war Sigmund Freud (1856-1939). Freud ging es hauptsächlich um die Aufklärung unverständlich erscheinende Verhaltensweisen. Er war davon überzeugt, verborgene nicht bewusste Prozesse, die das Handeln lenken und Bewusstseinsinhalte beeinflussen, gefunden zu haben (Heckhausen, Heckhausen, 2018, S.24). In seinem psychoanalytischen Motivationsmodell steht das Konzept der Triebreduktion im Zentrum. Als Trieb bezeichnet Freud aus dem Körperinneren stammende Reize, die durch ein physiologisches Bedürfnis einher gehen und mit unangenehmen Empfindungen (Unlust) verbunden sind. Freud hat die Annahme, das zielgerichtetes Handeln davon bewegt wird, dass der Mensch ein inneres Gleichgewicht eine sog. Homöostase herstellen möchte. Der Mensch wird von Triebreize angetrieben, die Homöostase wird erlangt, wenn das Bedürfnis an einem bestimmten Objekt befriedigt wird. Somit wird der innere Triebreiz aufgelöst und Lustgefühle treten auf.

Freud hat die Annahme, das oberste Ziel von menschlichen Handelns die Unlust-
vermeidung und der Lustgewinn das sog. Hedonismusprinzip ist. Nach seinem Denken
ist der eigentliche erstrebenswerter Zustand die „Reizarmut" oder die „Bedürfnis-
losigkeit" (Brandstätter et.al., 2018, S.12-13). Aus der Perspektive von Freud ist ein
unbefriedigtes Bedürfnis nicht mit Vorfreude und einer Ausrichtung der Gedanken auf
die Erreichung des bedürfnisbefriedigenden Objekts verbunden, sondern wird von
Unlustgefühlen und einer nicht optimalen gedanklichen Fixierung begleitet. Ein
weiterer tragender Gedankengang der psychoanalytischen Theorie mit denen sich Freud
befasste, ist das Konzept der drei Persönlichkeiten (ES, Ich und Über-Ich).

Freud geht davon aus, das menschliches Verhalten dem Lustprinzip folgt und somit auf
eine Bedürfnisbefriedigung zielt. Gerade aber sexuelle und aggressive Triebimpulse
können meist nicht frei ausgelebt werden, da soziale Normen dies verbieten oder aber
auch geeignete „Triebobjekte" nicht gefunden werden. Dieses Zusammenspiel von
Triebimpulsen, Normen und der Befriedigungsstruktur der Umwelt, wird von der
Persönlichkeitsinstanz „Ich" geformt. Mit dem „Ich" meinte Freud die unbewussten
kognitiven Prozesse, die an der Steuerung von Handlungen beteiligt sind (Aufmerksamkeit planvolles Denken). Diese kognitiven Prozesse können jedoch auch
Bewusstseinsfähig sein. Die Instanz „Ich" steht im Dienste der beiden anderen
Instanzen „Über- Ich" und „ES". Das „Über- Ich" stellt umgangssprachlich das
Gewissen dar, soziale Wert- und Normorientierungen sind hier präsent. Das „Es"
hingegen ist Sitz aller Triebimpulse, diese sind in ihrer Ausgestaltung unbewusst und
wie oben erwähnt, erzeugen diese aufgrund ihres Drängens nach Befriedigung. Freud
beschrieb unterschiedliche Wege zur Reduktion eines Triebreizes. Ist ein geeignetes
Objekt zur Bedürfnisbefriedigung nicht verfügbar, kann das Bedürfnis in Träumen,
Fantasien oder durch eine vom „ICH" geplante bedürfnisbefriedigende Handlung ersetzt
werden. Der Zeitpunkt der Ausführung ist hierbei unrelevant. Letzteres findet sich heute
in der Forschung als Handlungskontrolle oder Selbststeuerung wieder. Freud
entwickelte nach der Annahme der alternativen Bedürfnisbefriedigung in der Fantasie,
die therapeutische Methode der Traumdeutung (1900/ 1952). In der heutigen
Motivationsforschung ist die Messung impliziter Motive zentral und geschieht unter
anderem durch die Auswertung von Fantasiegeschichten. Bspw. beziehen sich die
Grundlagen der der Motivmessung von McClelland, auf Freuds Annahmen
(Brandstätter et.al, 2018, S.14-15).

1.2.2   Naturwissenschaften: Clark L. Hull / Behaviorismus

Die Naturwissenschaften befasst sich mit der belebten und unbelebten Natur und erforscht systematisch deren Vorgänge und Gesetzmäßigkeiten. Die Naturwissenschaft wird in 3 Bereiche eingeteilt, die exakte Naturwissenschaft, bspw. Chemie, Astrologie, Geologie sowie die Physik, die biologische Naturwissenschaft und die angewandte Naturwissenschaft, diese beinhaltet Agrarwissenschaften, Biomedizin oder Ernährungswissenschaften (Sauermost & Freudig, 2002, S.512-513). Ein Pionier der Motivationspsychologie, mit naturwissenschaftlicher Perspektive war Clark L. Hull (1884-1952). Er war einer der einflussreichsten Vertreter des von John B. Watson begründeten Behaviorismus (Brandstätter et al., 2018, S.16–17). Behavioristen befassen sich ausschließlich mit dem offenen, direkt beobachtbaren Verhalten und sind der Meinung, dass innere „mentale" Ereignisse oder Prozesse empirisch nicht zugänglich sind und somit kein Forschungsgegenstand der Psychologie sein können (Becker-Carus, Wendt, 2017, S.71). Das Bestreben von Hull war, eine allgemeingültige Verhaltenstheorie zu formulieren, die mit dem Zusammenspiel von Bedürfnissen und bestimmten Umweltfaktoren die Erklärung über Verhalten gab. Dabei war es ihm stets wichtig, seine Aussagen in mathematische Formeln zu erfassen. Hull lehnte sich an das Homöostase- und Hedonismusprinzip von Freud und geht davon aus, dass Bedürfnis- oder Mangelzustände für Verhalten verantwortlich sind, die so lange präsent sind bis eine Befriedigung des Bedürfnisses erreicht wird. Er beschäftigte sich in seiner Forschung mit biologischen Grundbedürfnissen wie Hunger, Durst oder Sexualität. Da diese Verhaltensbereiche nicht nur den Menschen einschließen, konnte er seine theoretischen Überlegungen an Tierversuchen überprüfen (Brandstätter et al., 2018, S. 16–17). Hull stellte 1943 eine der bedeutsamsten Theorien auf, die Triebreduktionstheorie. Diese bezeichnet, dass wenn beim Lernen von Reiz-Reaktions-Verbindungen, im Anschluss eine Triebreduktion, die der Reaktion folgt, belohnend wirkt und damit die Reiz-Reaktionsverbindung verstärkt. Hull nannte dies Habit (Gewohnheit). Die Kernaussage von Hulls Theorie war, dass sich die Verhaltenstärke E (= evocation potential) aus der multiplikativen Verknüpfung von Trieb D (= drive) und Habit H ergebe: $E = D \times H$. Mit der multiplikativen Verknüpfung der beiden Bestimmungsgrößen wollte Hull vermitteln, dass sowohl ein Habit als auch ein Trieb bestehen muss, damit eine Verhaltensstärke einen Wert grösser als Null erreichen kann.

Hull erweiterte 1952 seine Theorie aufgrund der Untersuchungen von Tolman, Hozik (1930) und Crespi (1942). Diese stellten fest, dass für die Veränderung der Verhaltensstärke nicht ausschließlich die Triebreduktion entscheidend ist, sondern der Unterschied zu der vorangegangenen Belohnung. Hull fügte nun seiner Theorie den Anreiz K in seiner Verhaltensformel hinzu: $E = (D \times H \times K)$. Damit anerkannte, dass nicht nur Kräfte innerhalb des Organismus das Verhalten beeinflussen, sondern auch situative Bedingungen, wie Qualität der Belohnung einen Einfluss darauf haben. Hull bestimmte somit eine bedeutsame motivationspsychologische Komponente, die bis heute ein bestand in der Motivationsforschung hat, die des Anreizes K (Müsseler, Rieger, 2017, S.226).

1.2.3 Sozialwissenschaften: Kurt Lewin / Gestaltpsychologie

Die Sozialwissenschaften untersuchen das Erleben und Verhalten in sozialen Beziehungen des Menschen. Sie unterteilt diese in verschiedene Ebenen, die Makroebene (gesellschaftlicher Einfluss), die Mesoebene (soziales Umfeld) und die Mikroebene (Kommunikation/Interaktion), (Lüschner, Bronfenbrenner, 1999, z.v. Mühlfelder, 2017, S. 9). Dazugehörige Disziplinen sind bspw. Anthropologie, Pädagogik, Ethnologie, Politologie und Psychologie (Gabler, Wirtschaftslexikon, aufgerufen am 3.12.19) Ein Pionier mit sozialwissenschaftlicher Perspektive war Kurt Lewin (1890–1947). Lewins Beiträge waren so vielfältig und einflussreich, dass er als einer der Gründerväter der Motivations-, Sozial-, Organisations- und Pädagogischen Psychologie gelten kann. Lewin war ein Vertreter der von Max Wertheimer begründeten Gestaltpsychologie. Gestalttheoretiker befassen sich mit Phänomenen der Wahrnehmung, den Einfluss des Umfeldes und die Tatsache, dass die objektive Beschreibung eines Reizes den subjektiven Wahrnehmungseindruck nur gering darstellt. Nach Lewin entsteht menschliches Verhalten durch ein Zusammenspiel zwischen Personmerkmalen und den von der Person subjektiv wahrgenommen Merkmalen der Umwelt (Brandstätter et.al, 2018, S.20-21). Er ist der Meinung das es nicht nur Kräfte gibt, die innerhalb der Person antreiben, sondern auch Kräfte in der Umwelt, die entweder anziehend oder abstoßend auf die Person wirken.

Diese Umweltgegebenheiten oder Objekte erhalten Ihren Wert durch innere Faktoren wie Bedürfnisse oder unerledigte Ziele. Lewin entwickelte 1936 eine Verhaltensformel, die Hulls Formel nahekommt: Verhalten (V) als eine Funktion (f) von Person (P) und Umwelt (U) beschreibt, $V = f(P, U)$ (Müsseler, Rieger, 2017, S.227). Diese Aussage verdeutlichte Lewin anhand eines Personen- und Umweltmodell. Das Personenmodell beschreibt aktuelle Bedürfnisse und Handlungsabsichten (Intentionen) als Bereiche, die in einer bestimmten Nähe zueinander geordnet werden. Er trifft hierbei die Annahme, dass aktualisierte Bedürfnisse und Intentionen ein Spannungssystem aufbauen, dass nach Reduktion drängt. Die sich nur durch eine Befriedigung des Bedürfnisses durch intentionsrealisierende Handlungen entspannen lassen. Das Umweltmodell beschreibt voneinander abgegrenzte Teilbereiche, die individuell relevanten positiven und negativen Ereignisse und damit in Zusammenhang stehende Handlungsmöglichkeiten einer Person. Die positiven oder negativen Ereignisse können den Charakter von Zielzuständen annehmen, die man durch individuelle aufeinander folgende Handlungs-schritte erreichen oder vermeiden kann (Brandstätter et.al, 2018, S. 21-23). Dies definiert Lewin als Valenz, eine Funktion der Bedürfnisspannung der Person und der Merkmale des Zielobjekts. Ist ein Bedürfnis befriedigt, verliert ein Ziel seine Valenz, das Spannungssystem, dass von dem Ziel ausgeht wird aufgehoben und das Verhalten beendet. Über Lewins Theorien gibt es wenige empirische Untersuchungen, trotzdem sind einige seiner Grundgedanken in der Motivationspsychologie bis heute Aktuell, bspw. legte er durch den Fokus auf die Intention und Relevanz der Umwelt, im Bezug auf Verhalten, die Grundsteine der kognitiven Motivationsforschung und gab Anstöße für weitere Pioniere wie H .Murray (Müsseler, Rieger, 2017, S.228).

2. Aufgabe A2

In Aufgabe A2 werden unter 2.1, 2.2 und 2.3 bedeutsame geistes-, natur- und sozial-
wissenschaftliche Vertreter(in) der Psychologiegeschichte sowie deren wissenschaftliche Beiträge zur Weiterentwicklung der Psychologie erläutert.

2.1 Geisteswissenschaft / Aristoteles

Aristoteles (384- 322 v. Chr.) war 20 Jahre ein Schüler Platons und einige Jahre auch
Erzieher des makedonischen Königs Alexander („der Große"). Er verließ die
platonische Akademie nach dem Tod Platons, um eigene Wege zu gehen, in denen er
auch die Aussagen seines Mentors kritisch hinterfragte. Außerdem ist er Gründer seiner
Schule in Athen „Peripatos" (Wandel-gang) und Autor von über 400 Büchern (Reuter,
2014, S. 35). In seinem Werk „Peri- Psychés" („Über die Seele"), schrieb Aristoteles: „
Zuerst muss man wohl eine Einteilung treffen, zu welcher Gattung die Seele gehört und
was Sie ist, ich meine damit, ob sie ein bestimmten Etwas und eine Substanz ist oder ob
sie etwas Qualitatives oder etwas Quantitatives oder auch eine andere der
unterschiedenen Kategorien ist. Ferner ab, ob sie zu dem in Möglichkeit Seienden
gehört oder eher eine vollendete Wirklichkeit ist." (Aristoteles, 2011, S.8-9, z.v.
Mühlfelder, 2017, S.9) Mit dieser Aussage spricht Aristoteles das „Leib- Seele-
Problem", dass bis heute noch gegenwärtig in der Psycho- logie ist an (Mühlfelder,
2017, S.10). „*Es scheint so, dass die Seele das meiste nicht ohne den Körper erleidet*
oder tut, wie z.B. zürnen, mutig sein, begehren oder kurz gesagt wahrnehmen. Am
ehesten schein noch das Denken nur der Seele anzugehören" (Aristoteles, 2011, z.v.
Reuter, 2014, S. 37). Ähnliche dualistische Ansichten betreffend der Verbindung von
Emotion und Köper, haben William James und der dänische Psychologe Friedrich
Albert Lange, auf die der Autor Reuter in seinem Buch verweist (2014, S.37, 2abs.).
Was in der heutigen Wissenschaft als „kognitiver Kon-struktivismus" bezeichnet wird,
war Aristoteles schon sehr nahegekommen:
„*Der Unterschied ist nur: wahr und falsch gelten ohne Einschränkung, gut und schlecht*
hingegen nur für jemand ganz bestimmten" (Aristoteles, 2011, z.v. Reuter, 2014, S. 37).
Neben wegweisenden Voraussichten stellte Aristoteles auch Thesen auf, die jedoch
durch spätere empirische Untersuchungen widerlegt oder relativiert wurden (Reuter,
2014, S.37). Außerdem beschrieb Aristoteles auch verschiedene Tugenden (Aretai) die

das Streben nach Glück und einem erfüllten Leben beschreiben, die „nikomanische-Ethik".

Aristoteles sieht dabei die Basis der Tugenden, das Grundmotiv der Menschen im Streben nach Glück (Eudämonie). In Verbindung mit diesen Tugenden schrieb er eine systematische Abhandlung, worin genaue Sollvorschriften für das Leben beschrieben werden. Darin beschrieb Aristoteles das Verhältnis der Aretai und Eudämonie wie folgt (Reuter, 2014, S. 37–38): *„Wir haben es (das Glück) ja bezeichnet als eine genau charakterisierte Tätigkeit der Seele im Sinne ihrer wesenhaften Tüchtigkeit. Dazu müssen dann von den übrigen Gütern (gewisse Lebensumstände) die einen mit Notwendigkeit als Vorbedingung des Glücks vorgegeben sein, die anderen sind ihrem Wesen nach als Hilfsmittel und Werkzeug von Nutzen"* (Aristoteles, 2003, z.v. Reuter, 2014, S. 38). Nach Aristoteles war Glück kein Gottes Geschenk, sondern durch ethisches Handeln und auch durch Lernen und Üben zu erlangen. Dennoch teilte er die Ansicht, dass Glück als eines der göttlichsten Gütern angesehen werden sollte. Die heutige Glücksforschung stimmt gegen die meisten Aussagen von Aristoteles, das Konzept der intrinsischen Motivation zeigt jedoch positive Übereinstimmungen seiner Aussagen auf, bspw. wird darin beschrieben, dass Anstrengungen und Tätigkeiten, welche durch intrinsische Anreize bewirkt werden, glücksfördernd sind und diese durch äußere Belohnungen getrübt werden können (Reuter, 2014, S.39- 40).

2.2 Naturwissenschaft / Wilhelm Wundt

Wilhelm Wundt (1832- 1920) war Philosoph, Physiologe und eine entscheidende Person in der Entwicklung der modernen Psychologie. Wundt war von 1874-1875 Professor für Philosophie in Zürich. Er verließ Zürich für die Gründung des weltweit ersten Instituts für experimentelle Psychologie in Leipzig (Wundt, 2012, S.1-2). Das Bestreben von Wundt war, wichtige Prozesse der Empfindung und Wahrnehmung sowie die Geschwindigkeit einfacher mentaler Prozesse verständlich zu machen (Gerrig, Zimbardo, 2008, S.8). Dies machte er möglich indem er bspw. Bewusstseins-psychologische Vorgänge mittels retrospektiver Selbstbeobachtung und Reaktionszeit-messungen analysierte (Heckhausen, Heckhausen, 2018, S.16). In einer Forschung-arbeit wurde bspw. die Reaktionszeit durch Töne oder einen Druck auf die Hand durch einen milden Stromstoß gemessen. Die Versuchspersonen teilten das Erkennen des

Reizes, durch das Drücken einer Taste mit Uhranzeige mit, wodurch die Zeit zwischen Reaktionsbeginn und Reaktion sichtbar wurde (Schönpflug, 2016, S.12). Außerdem unterteilte Wundt die Psychologie in zwei Teilbereiche, die physiologische Psychologie, die sehr experimentell orientiert war und die Völkerpsychologie, diese war vergleichend, beschreibend und interpretierend angelegt. Aus der physiologischen Psychologie bildeten sich Forschungsansätze hervor, die heute als Allgemeine Psychologie bezeichnet werden, die Völkerpsychologie legte die Grundsteine der Sozial-, Differenziellen- und Entwicklungspsychologie (Müsseler, Rieger, 2017, S.3-4). Das Experiment sollte der methodische Königsweg zur Erkenntnis von allgemeingültigen Aussagen werden (Mühlfelder, 2017, S.15), jedoch ist experimentelle Psychologie nur begrenzt mit apparativen Möglichkeiten ausgestattet weshalb dieser weg offen kritisiert wurde. Auch Wundt selbst war der Meinung dass, das experimentieren nur für die Untersuchung „niedriger" geistiger Funktionen wie Empfindung, Aufmerksamkeit oder Gedächtnis, aber nicht für „höhere" Funktionen wie Denken, Recht, Kunst oder Religion wären (Schönpflug, 2016, S.13).

2.3 Sozialwissenschaft/ Mary D. Salter Ainsworth

Mary Dinsmore Salter Ainsworth (1913- 1999) war eine kanadische Psychologin, die sich 1950 mit ihrem Mann auf den Weg nach London machte, wo sie dann in das Forschungslabor von John Bowlby aufgenommen wurde (Wettig, Wettig, 2009, S.110). John Bowlby befasste sich mit dem was ein Kind braucht, um seelisch gesund und sozial verantwortlich aufzuwachsen. Ainsworth brachte genügend Erfahrung aus der sozial- und klinischen Psychologie mit, um Bowlby evolutionsbiologisch orientierte Sicht zu hinterfragen, ihr bestreben war, Bowlbys Aussagen empirisch zu belegen (Mayer, Kornadt, 2010, S.71). Gemeinsam mit Bowlby gilt sie als einer der Pioniere der Bindungsforschung bzw. Bindungstheorie. Bowlby verfasste 1953 bereits ein Buch mit dem Titel „Mutterliebe und kindliche Entwicklung", was heute „Frühe Bindung und kindliche Entwicklung" genannt wird. Dieses Buch erweiterte er mit Ainsworth durch gemeinsame Forschungen in den darauffolgenden Jahren. Sie beschrieben in drei Teilen die schädlichen Folgen von Mutterentbehrung sog. Deprivation und die Maßnahmen, um diese vorzubeugen (Pritz, 2008, S.34).
In dem letzten Teil des beschrieb Mary Ainsworth, dass Mütterliche interaktive Feinfühligkeit währen den ersten Lebensjahren eine bedeutende Determinante in der

Bindungsqualität des Kindes spielt und diese mit der sog. Fremden Situation erhoben werden kann. In diesem Experiment werden einjährige Kinder zwei kurzen Trennungen von der Mutter ausgesetzt, um das Bindungssystem zu aktivieren und dann zu analysieren. Dabei stellte Ainsworth drei Formen von Bindung fest, die sichere Bindung, diese ist gegeben wenn, Mütter im ersten Lebensjahr feinfühlig auf die Signale ihres Kindes geachtet haben, diese sind dann in der fremden Situation sicher gebunden, die vermeidende Bindung, in dieser Form wird auf Kummer- und Trost-bedürfnissen zurückweisend reagiert, das Kind eignet sich vermeidende Bindungs-muster an und letztere die ambivalente Bindung, Mütter die manchmal angemessen, manchmal zurückweisend oder überbeschützend reagieren, haben Kinder die in der fremden Situation ambivalente Bindungsmuster aufzeigen. In ihren letzten Lebens-jahren interessierte sich Mary Ainsworth besonders für eine mögliche Verbindung zwischen unbewältigten Traumata der Mutter und einer vierten Bindungsform, die desorganisierte Bindung (Stumm, Pritz, Gumhalter, Nemeskeri, Voracek, 2006, S.9). Die Bindungstheorie spielt in der heutigen Psychotherapie eine wichtige Rolle, das Buch von John Bowlby und Mary D. Ainsworth über die Mutterentbehrung und deren schädlichen Folgen sowie die Maßnahmen diese vorzubeugen, war ein bedeutsamer Beitrag und fordert bis heute die Bindungsforschung auf, sich mit der Thematik der Entwicklung und Förderung einer guten Mutter- Kind Bindung zu befassen (Pritz, 2008, S.34).

3. Aufgabe A3

In dieser Aufgabe werden unter 3.1 einige aktuelle Trends der gegenwärtigen Psychologie erläutert, in dem Unterpunkt 3.2 wird an dem Beispiel der Schulpsychologie gezeigt, wie die Verbreitung von psychologischen Grundlagen- und Anwendungswissen zu einer Verbesserung der Lebens-, (Aus-)Bildungs- und Arbeitsbedingungen beiträgt.

3.1 Aktuelle Trends der Psychologie

Seit Mitte des vergangenen Jahrhunderts ist die Anzahl der Berufspsychologen international über eine halbe Million angestiegen, dieser Wachstum ist mit wesentlichen Veränderungen im Fach Psychologie verbunden, die nach Schönpflug (2016) bis in die Zukunft anhalten werden.

Die Vorläufer der Psychologie hatten das Ziel, durch genaue Theorien und Methoden, die Psychologie als eigenständige Disziplin zu sichern. Das Ideal eines sog. „Allround-Psychologen" musste durch die Zunahme von Spezialisierungen der Praxisgebieten, wie Gesundheit und Wirtschaft, den Forschungsgebieten, bspw. Entwicklungs- und Sozialpsychologie und den theoretisch- methodischen Orientierungen wie tiefen-psychologische Therapie oder Neuropsychologie weichen (Schönpflug, 2016, S.42).

Die weitere Ausdifferenzierung und Spezialisierung der Psychologie in den letzten Jahren, hat schon heute zu Folge, dass sich sog. „Bindestrich"- Masterstudiengänge wie bspw. Wirtschafts-, Rechts-, oder Gesundheitspsychologie gebildet haben, um damit die Studierenden möglichst früh für ein bestimmtes Arbeitsfeld zu qualifizieren.

Dementsprechend hat ein generalistisches Bachelorstudium der Psychologie den Anspruch die Grundlagen für verschiedene psychologische Anwendungs- und Vertiefungsrichtungen zu legen (Mühlfelder, 2017, S.93). Weiterer Einflussfaktoren auf die Verbreitung von psychologischen Anwendungswissen ist bspw. der Demografische Wandel, durch ihn wurde es notwendig, dass Menschen länger erwerbsfähig bleiben wollen und müssen, wodurch die Relevanz des Gesundheitssektors in der Gesellschaft kontinuierlich ansteigt. Hierfür stellt die Psychologie ein umfangreiches Wissen sowie Methoden über die Prävention von Krankheiten, als auch die Gestaltung gesundheits-förderlichen Lebens- und Arbeitsbedingungen bereit.

Auch die interkulturelle Psychologie wird nach Mühlfelder (2017) in Zukunft ihren Aufschwung erleben, es finden immer mehr Begegnungen zwischen Menschen unterschiedlichster kultureller Herkunftsländer statt, wodurch Fragen aus der interkulturellen Psychologie wie bspw. die interkulturelle Konfliktbewältigung oder auch die Integration und Sozialisation von Kindern und Jugendlichen aus Kriegsgebieten eine bedeutende Rolle spielen. Außerdem wird auch die Umweltpsychologie durch die zunehmende Bedeutung des Umwelt- und Naturschutzes weiter in den Vordergrund treten. Umweltgerechtes Verhalten und die Förderung umweltschonender Lebens- und Arbeitsbedingungen sind zentrale Anwendungsschwerpunkte der Umweltpsychologie. In der Arbeits- und Organisationspsychologie werden Anpassungen hinsichtlich der Flexibilität und Agilität bei den bisherigen Organisationsformen erfolgen, bspw. achtet die jüngere Generation mehr als die ältere, auf genügend Ausgleich zwischen Arbeit und Privatleben, außerdem soll die Tätigkeit gleichzeitig leistungs-, persönlichkeits- und gesundheitsförderlich sein (Mühlfelder, 2017, S.93). Zuletzt spielt auch der rasante technologische Fortschritt eine große Rolle, mit immer aufwändigere Computermodelle werden menschliche Gehirnprozesse abgebildet und zu stimulieren versucht, mithilfe der funktionellen Magnetresonanztomografie (fMRT), der strukturellen Magnetresonanztomografie (sMRT) und der Positronenemissionstomografie (PET) können bspw. Einblicke in neuronale Prozesse in Echtzeit hergestellt werden. Das Zusammenspiel von neuronalen und biochemischen Zusammenhängen, für die Entstehung psychischer Bewusstseinszustände sind jedoch noch weitestgehend unbekannt, dies wird sich durch die weiteren Fortschritte in der Technologie und der Wissenschaft in Zukunft auch verändern. (Mühlfelder, 2017, S.91-92).

3.2 Die Schulpsychologie

Die internationale Geburtsstunde der Schulpsychologie wird auf das Jahr 1913 gelegt, in diesem Jahr trat C. Burt die erste Stelle als Schulpsychologen in London an, in Deutschland jedoch forderte bereits 1911 William Stern die Einstellung von Schulpsychologen auf dem ersten Kongress für Jugendbildung und Jungendkunde in Dresden. Zur gleichen Zeit bemühte sich der Mannheimer Schulrat Sickinger darum, begabte und Leistungsfähige Kinder in Form von Unterrichtsdifferenzierung zu fördern. Um dies durchzuführen stellte er 1922 den ersten deutschen Schulpsychologen H. Lämmermann ein (Keller,1997, z.n. Seifried, Drewes, Hasselhorn, 2015, S.1).

1948 baute Hans Kirchhoff die erste pädagogisch- psychologische Einrichtung zunächst unter dem Namen „Schülerkontrolle" später „Schülerhilfe". Diese hatte zunächst das Ziel, gegen Schulschwänzen vorzugehen, psychische Hintergründe bei Schulproblemen zu verstehen und Schüler in ihrer Schullaufbahn zu unterstützen. Dieses Modell ging als „Hamburger-Modell" in die Geschichte der Schulpsychologie ein. Daraufhin gründeten mehrere Städte Deutschlands die ersten Schulpsychologischen Dienste mit Schwerpunkt Einzelfallhilfe und Schullaufbahnberatung (1948 Hamburg, 1950 Stuttgart, 1957 Berlin und Hanover, 1958 Köln, 1959 Düsseldorf). Die Kritik am bestehenden Schulsystem sowie die Bildungsreformen in den Bundesländern und die Entwicklung der Päda- gogischen Psychologie sowie der Bildungsforschung führten 1960er und 70er Jahren zu einem Ausbau der Schulpsychologie in Deutschland (Seifried, et.al., 2015, S.1-3). Bis nach dem Ende der 1990 Jahren war die Schulpsychologie mit Auf- und Abbauphasen begleitet, des Öfteren wurden Stellen gekürzt, öffentliche Dienste in Frage gestellt und die Schulpsychologie als freiwilliges und somit nicht unbedingt erforderliches Angebot weiter ausgebaut. Erst der Amoklauf 2002 an der Gutenberg Schule in Erfurt alarmierte das Schulsystem und die Schulpsychologie Deutschlands, die Öffentlichkeit forderte psychologische Unterstützung an Schulen zur primären, sekundären und tertiären Prävention von Gewalt und Amokläufen. Nach dem Vorfall in Erfurt, entwickelten in den folgenden Jahren alle Bundesländer Konzepte zur Prävention und Intervention von Krisen, dabei bewies sich die Schulpsychologie als bedeutsamen Partner von Schulen und die Zahl der Stellen für Schulpsychologen wurden teilweise vierfach erhöht (Seifried, et.al., 2015, S.7-8). Nach dem BDP nutzt die Schulpsychologie, psychologisches Wissen um die Schule in ihrem Bildungs- und Erziehungsauftrag und Schüler bei ihrer Lernentwicklung und Schullaufbahn zu unterstützen. Die wissen- schaftlichen Erkenntnisse der Entwicklungs-, Motivation-, Lern-, Sozial-, Arbeits-, Gesundheits-, Organisations-, Pädagogischen- und Klinischen Psychologie sowie der Hirnforschung vereinen sich in der Schulpsychologie und müssen in das Bildungswesen stärker integriert werden. Die Psychologie bietet eine Vielzahl an Theorien und Methoden an, um Menschen hilfreich zu begleiten, fördern und stabilisieren und ungünstige Entwicklungen von Personen oder Gruppen zu erkennen und zu lösen (BDP eV, 2008, S.4). Zudem unterstützt die Schulpsychologie Eltern bei ihrem Bemühen, den Anspruch des Kindes und des Jugendlichen auf Erziehung und Bildung, unter Rücksicht auf die persönlichen Entfaltung sowie eine altersgerechte und zukünftige Teilhabe am gesellschaftlichen Leben gerecht zu werden. Die Schulpsychologie orientiert sich dabei

an der UN- kinder- und behinderten-rechtkonventionen und an den ethischen
Richtlinien der Deutschen Gesellschaft für Psychologie e. V. (DGPs) und des
Berufsverbands Deutscher Psychologinnen und Psychologen e.V. (BDP e.V, 2018, S.4).
Weitere Ansatzpunkte für schulpsychologische Arbeit und Aufgabenfelder nach dem
BDP e.V sind:

Schülerinnen & Schüler	⇨Individuelle Fallberatung für Schüler/innen, Eltern und Lehrenden ⇨Lernverlaufsdiagnostik und individuelle Förderung ⇨ Konfliktmoderation und Unterstützung bei Elternarbeit
Klassengemeinschaft	⇨ Prävention von Ausgrenzung sowie Förderung sozialer Integration ⇨Unterrichtshospitation und Beratung bei schwierigen Klassensituationen
Unterricht in heterogenen Lern-gruppen	⇨ psychologische Ansätze zur Prävention und Intervention bei auffälligem und Unterrichtsstörenden Verhalten ⇨ kooperatives Lernen in heterogenen Klassen
Lehrkräfte	⇨Fortbildungen ⇨Förderung der Gesundheit ⇨Supervision/ Coaching
Schule/ Kollegium	⇨ Moderation und Prozessbegleitung ⇨ Teamarbeit / Teamentwicklung ⇨ Kollegiale Beratung / Hospitation ⇨Beratung von Schulleitungen und Schulleitungsteams
Schulsystem	⇨ Beratung des Schulsystems und Schulträger bei der Gestaltung des Veränderungsprozesses in Richtung eins inklusiven Schulsystems ⇨Mitarbeit in Arbeitskreisen und Qualitätszirkeln auf kommunaler und Landesebene ⇨ Stellungnahmen im öffentlichen und politischen Diskussionsprozess

(eigene Darstellung in Anlehnung an Quelle: BDP e.V., Sektion Psychologie, 2018, S.2,
a.am 09.12.19)

Wichtige Prinzipien der schulpsychologischen Arbeit sind Freiwilligkeit, Schweige-
pflicht und Kostenfreiheit für Ratsuchende. Diese Beratung kann jedoch nur erfolgreich
sein, wenn dies von dem Betroffenen auch wünschenswert ist und eine Änderungs-
motivation besteht. In Deutschland arbeiten Schulpsychologen in vielfältigen
Funktionen wie Diagnostik und Beratung, Fortbildung und Konzeptweiterbildung,
coachen, supervidieren und therapieren an Schulen, sowie die wissenschaftliche
Begleitung von Schulversuchen aber auch an Universitäten sind sie forschend oder

lehrend tätig. Pädagogische Verantwortliche können sich nicht, ohne die Kompetenzen der Schulpsychologie, in vielen Situationen angemessen und qualifiziert verhalten, jedoch unterrichten Schulpsychologen Schüler und Schülerinnen nicht selbst, sie versuchen in einem mediativen Verhältnis hilfreiches Wissen und Fertigkeiten über die Erziehung für den Unterricht zu vermitteln (Fleischer, Grewe, Jotten, Seifried, 2007, S.14).

Literaturverzeichnis

Aristoteles, 2011, S.8-9, In: Mühlfelder, M., (2017), 1253-01 *Einführung in die Psychologie*, S.9, Riedlingen

Aristoteles, 2011, In: Reuter, H., (2014) *Geschichte der Psychologie*, S. 37, Göttingen: Hogrefe

Aristoteles, 2003, In: Reuter, H., (2014) *Geschichte der Psychologie,* S. 37, Göttingen: Hogrefe

Berufsverband Deutscher Psychologen und Psychologinnen e.V. (BDP), (Hrsg.), (2018), *Sektion Schulpsychologie in Deutschland, Berufsprofil*, 4 Aufl., verfügbar unter: https://www.bdp-schulpsychologie.de/aktuell/2018/180914_berufsprofil.pdf , aufgerufen am 09.12.2019

Berufsverband Deutscher Psychologen und Psychologinnen e.V. (BDP), (Hrsg.), (2018), Sektion Schulpsychologie in Deutschland, *Schulpsychologie in Deutschland Berufsprofil, Fokus: Inklusion in der Schule*, 2. Aufl., verfügbar unter: https://www.bdp-schulpsychologie.de/aktuell/2018/180912_inklusion.pdf , aufgerufen am: 09.12.2019

Becker- Carus, C., Wendt, M. (2017), *Allgemeine Psychologie eine Einführung*, 2 Aufl., Berlin: Springer

Brandstätter, V., Schüler, J., Puca, R.M., Lozo, L. (2013), *Motivation und Emotion. Allgemeine Psychologie für Bachelor*. 1 Aufl., Berlin: Springer

Dithley, W., (1883) in: Dithley, W., K.M., Guth (Hrsg.), (2017), *Einleitung in die Geisteswissenschaften: Versuch einer Grundlegung für das Studium der Gesellschaft und der Geschichte*, Berlin: BoD

Fleischer, T., Grewe, N., Jotten, B., Seifried, K., (2007), *Handbuch Schulpsychologie: Psychologie für die Schule*, 1. Aufl., Stuttgart: Kohlhammer

Gabler Wirtschaftslexikon, (2018), *Definition Sozialwissenschaften*, verfügbar unter: https://wirtschaftslexikon.gabler.de/definition/sozialwissenschaften-52181, aufgerufen am: 03.12.19

Gerrig, R.J., Zimbardo, P. (2008), *Psychologie*, 18. Aufl. München: Pearson

Heckhausen, H. (1999) In: Heckhausen, J., Heckhausen, H., (Hrsg.), (2018), *Motivation und Handeln*, 5. Aufl. Berlin: Springer

Kjörup, S. (2001) In: Bense, E., Kjörup, S., (2001), *Humanities - Geisteswissenschaften – Sciences humaines: Eine Einführung*, Stuttgart: Springer

Lüschner, Bronfenbrenner, 1999, z.v. Mühlfelder, M., (2017), 1253-01 *Einführung in die Psychologie*, Riedlingen

Mayer, B, Konradt, H.-J., (Hrsg.), 2010, *Psychologie- Kultur- Gesellschaft,* 1 Aufl., Wiesbaden: VS- Verlag

Mühlfelder, M., (2017), 1253-01 *Einführung in die Psychologie*, Riedlingen

Müsseler, J., Rieger, M. (Hrsg.), (2017), *Allgemeine Psychologie. 3. Aufl.* Berlin Heidelberg: Springer

Pritz, A. (Hrsg.) (2008*), Einhundert Meisterwerke der Psychotherapie: Ein Literaturführer*, Wien: Springer

Reuter, H., (2014), *Geschichte der Psychologie*, Göttingen: Hogrefe

Sauermost, R., Freudig, D. (2002). Naturwissenschaften. In: Sauermost, R., Freudig. D., *Lexikon der Biologie, Lyo bis Nau. 9. Band, 1. Aufl.*, Heidelberg, S. 512-513

Schiebner, J., Brand, M., (2014), *Allgemeine Psychologie 1, 1 Aufl.* Stuttgart: Kohlhammer

Schönpflug, W., (2016), *Psychologie- historisch betrachtet*, 1.Aufl., Wiesbaden: Springer

Seifried., Drews, S., Hasselhorn, M., (Hrsg.), (2016), *Handbuch Schulpsychologie*, 2. Aufl., Stuttgart: Kohlhammer

Stumm, G., Pritz, A., Gumhalter, P., Nemeskeri, N., Voracek, M., (Hrsg.) (2005), *Personenlexikon der Psychologie*, 1.Aufl., Wien: Springer, S. 8,

Wettig, J., (2009), *Schicksal Kindheit: Kindheit beeinflusst das ganze Leben - Fakten statt Mythen - Verständlich und klar*, 1. Auf., Heidelberg: Springer

Wundt, W., (2012), *Probleme der Völkerpsychologie*, 2.Aufl., Altenmünster: Jazzybee Verlag Jürgen Beck

BEI GRIN MACHT SICH IHR WISSEN BEZAHLT

- Wir veröffentlichen Ihre Hausarbeit,
  Bachelor- und Masterarbeit

- Ihr eigenes eBook und Buch -
  weltweit in allen wichtigen Shops

- Verdienen Sie an jedem Verkauf

Jetzt bei www.GRIN.com hochladen und kostenlos publizieren